RÉPUBLIQUE FRANÇAISE

MINISTÈRE DU COMMERCE, DE L'INDUSTRIE,
DES POSTES ET DES TÉLÉGRAPHES

DIRECTION DU TRAVAIL

COMMISSION DE CODIFICATION DES LOIS OUVRIÈRES.

CODE
DU TRAVAIL ET DE LA PRÉVOYANCE SOCIALE

RAPPORT SUR LES TRAVAUX DE LA COMMISSION
par M. Louis **RICARD**, PRÉSIDENT

LIVRE Iᵉʳ. — DES CONVENTIONS RELATIVES AU TRAVAIL

RAPPORTEUR : M. RAOUL JAY

PARIS
IMPRIMERIE NATIONALE

1904

COMMISSION DE CODIFICATION DES LOIS OUVRIÈRES.

La Commission de codification des lois ouvrières est composée de :

MM. RICARD (Louis), ancien Garde des Sceaux, *Président ;*

Bourguin, professeur adjoint à la Faculté de droit de Paris ;

Chapsal, maître des requêtes au Conseil d'État, Directeur du Cabinet au Ministère du Commerce ;

Dubief, député, président de la Commission du travail ;

Duboin, Conseiller à la Cour de cassation ;

Fontaine (Arthur), directeur du Travail au Ministère du Commerce ;

Girard, sénateur ;

Groussier, ancien député ;

Jay, professeur à la Faculté de droit de l'Université de Paris ;

La Borde, conseiller à la Cour de cassation ;

De Mouy, conseiller d'État ;

Paulet (Georges), directeur de l'Assurance et de la Prévoyance sociale au Ministère du Commerce ;

Strauss, sénateur ;

Vel-Durand, Conseiller d'État ;

Secrétaires :

MM. Bourdeaux, juge suppléant au Tribunal civil de la Seine ;

Brice, docteur en droit, chef de bureau au Ministère du Commerce ;

Petit, docteur en droit, avocat à la Cour d'appel de Paris.

À M. GEORGES TROUILLOT,

DÉPUTÉ,

MINISTRE DU COMMERCE, DE L'INDUSTRIE, DES POSTES ET DES TÉLÉGRAPHES.

Paris, le 16 avril 1904.

MONSIEUR LE MINISTRE,

Vous avez bien voulu transmettre à la Commission de Codification des Lois ouvrières la demande qui vous avait été adressée par la Commission du travail de la Chambre à l'effet d'être saisie, au fur et à mesure de leur achèvement, des différents livres du Code du travail et de la Prévoyance sociale, en préparation.

Pour vous permettre de donner suite à cette demande, la Commission vous adresse ci-joints les deux premiers livres de son projet de Code. Chacun de ces livres est précédé d'un rapport explicatif.

Il a paru toutefois à la Commission qu'il ne serait point inutile de faire précéder les textes codifiés et les rapports fragmentaires d'un examen d'ensemble rappelant, avec les inconvénients de l'état actuel de la législation du travail, le but auquel a voulu répondre l'institution d'une Commission de codification des lois ouvrières, le domaine auquel elle a limité son œuvre, conformément à l'objet de sa constitution, la méthode qu'elle a adoptée pour l'élaboration de ses travaux, et enfin les raisons qui ont dicté les divisions et subdivisions de son projet de *Code du Travail de la Prévoyance sociale*.

Cet examen préliminaire fera apparaître les questions nombreuses que la Commission avait à résoudre et qui échapperaient en grande partie à ceux qui se borneraient à prendre connaissance des textes codifiés. Il permettra, par suite, de mieux juger l'étendue de son œuvre.

I

Depuis quelques années déjà, l'idée d'une codification des lois ouvrières s'est fait jour; elle a même pris corps dans des propositions d'initiative parlementaire dont la plus importante est celle qui fut déposée au cours de la 6° législature par notre distingué collègue

M. Arthur Groussier. Cette proposition, déposée à nouveau pendant la 7° législature, vient d'être reprise par M. Dejeante et un certain nombre de ses collègues.

L'heure, en effet, semble venue de coordonner l'ensemble des dispositions d'une législation ouvrière qui se complique de jour en jour. A chaque législature de nouvelles lois sont votées qui complètent sur certains points les lois précédentes, ou étendent leurs effets, soit à de nouvelles catégories de travailleurs, soit à de nouvelles espèces, de sorte que pour connaître exactement l'état de la législation sur une question particulière, il est nécessaire de se reporter à plusieurs textes, votés à des dates différentes, et qui se complètent ou se modifient l'un l'autre. L'omission d'un seul de ces textes suffit souvent à induire en erreur sur l'état actuel de la législation. Si l'on veut se rendre compte, par exemple, de la réglementation de la durée du travail, il est absolument nécessaire de se reporter à la fois aux lois des 9 septembre 1848, 22 février 1851, 2 novembre 1892 et 30 mars 1900. La difficulté est plus grande encore, en raison des abrogations formelles ou implicites, si l'on veut étudier les textes actuellement en vigueur de la législation des conseils de prud'hommes.

Les divers recueils des lois du travail qui ont été publiés ne suppléent pas complètement aux inconvénients signalés plus haut. Il est rare d'abord qu'il n'y ait pas à signaler dans ces recueils certaines omissions. D'autre part, ils ne dispensent pas de rapprocher les dispositions qui, dispersées dans différentes lois, régissent la même matière.

En outre certaines dispositions font double emploi avec d'autres. Il en est qui ont été implicitement abrogées par des lois postérieures. La plupart se présentent disséminées dans des textes plus ou moins nombreux, votés à des époques différentes. Enfin d'évidentes contradictions résultent parfois de la comparaison d'articles qui, dans deux lois différentes, régissent la même matière.

II

Il paraissait donc nécessaire, pour éviter toute difficulté d'interprétation, et pour permettre aussi de se rendre un compte exact de l'état de notre législation, de réunir en une seule série de dispositions, présentant un ordre méthodique, toutes les lois qui intéressent les travailleurs.

C'est à cette préoccupation qu'obéit M. Millerand, alors Ministre du Commerce lorsqu'il institua, par arrêté du 27 novembre 1901, la Commission de codification des lois ouvrières dont il précisa les attributions de la façon suivante, en présidant sa première séance :

« Le premier but à poursuivre est d'introduire par un nouveau texte plus d'ordre et plus de clarté dans les lois ouvrières, de rassembler et de coordonner les dispositions éparses relatives à un même objet, de rapprocher et de fondre les dispositions qui, rendues à des dates diverses, répondent à un même ordre d'idées.

« Le premier travail à faire serait uniquement un travail matériel, et pour ainsi dire de mosaïque. Il consisterait à rechercher et à rapprocher les dispositions spéciales aux ouvriers, qui ont trouvé place dans notre législation.

« Mais ce travail en appellerait forcément un autre. D'abord il pourra résulter du nouvel ordre adopté nécessité de remanier la rédaction de certains articles sans en changer le sens. En outre la Commission pourra se trouver en présence de dispositions non harmoniques ou même contradictoires. Telles sont, par exemple, les juridictions et pénalités qui assurent l'observation des lois sur le travail. Ces dispositions diverses paraîtraient inexplicables si on ne songeait qu'elles ont été rendues à des dates éloignées les unes des autres.

« Le second travail qui s'imposera à la Commission est donc un travail de correction, de mise au point, ne touchant pas aux principes de notre législation.

« Mais il ne s'agit pas de rédiger de toutes pièces un code nouveau de législation ouvrière, et d'y faire entrer des dispositions nouvelles dont l'adoption paraîtrait désirable à la Commission. L'œuvre serait immense, trop complexe, et n'aurait guère de chances d'aboutir. En se donnant la tâche d'édifier une législation complète, elle empièterait sur les attributions du Parlement. Il ne s'agit en somme pour elle, et sauf retouches de détails ou de formes, que de préparer avec les dispositions existantes un code méthodique et clair, présentant dans une vue d'ensemble la totalité des dispositions actuellement en vigueur, et qui puisse être considéré par le Parlement comme devant être adopté sans débats.

« Définir ainsi les attributions de la Commission ce n'est point les amoindrir. La mission qui lui est confiée a un intérêt de premier ordre, et elle rendra un service éminent aux intéressés et au législateur lui-même; aux intéressés en plaçant sous leurs yeux une législation mieux coordonnée; au législateur en faisant apparaître les lacunes de la législation ouvrière.

« En montrant dans un ordre logique ce qu'est actuellement la législation ouvrière, la Commission fera nécessairement apparaître ce qu'elle doit être, et le législateur saura mieux sur quels points doit désormais porter son effort réformateur.

« Il en résulte que même en se bornant à clarifier, pour ainsi dire, les dispositions existantes, la Commission apportera son concours à l'élaboration des dispositions futures. »

1.

La Commission appliqua tous ses efforts à remplir ce programme. Elle a tenu à ce jour 38 séances au cours desquelles elle a débattu les questions préjudicielles ci-après, et élaboré les deux premiers livres du Code du Travail.

III

La première question qui fut soumise à l'examen de la Commission fut celle de préciser le domaine de la législation à codifier.

Devait-on seulement comprendre dans la codification les lois qui traitent des rapports entre patrons et ouvriers? Convenait-il au contraire d'y comprendre également les lois qui profitent aux salariés, mais sans s'adresser uniquement à eux.

La Commission a pensé que les lois qui devaient former la matière de la codification sont, non seulement celles qui traitent des rapports entre patrons et ouvriers, et qui, par suite, intéressent *exclusivement* les travailleurs, mais aussi celles qui les intéressent *à titre principal*, en tant qu'elles les considèrent comme professionnels, vivant du produit de leur travail, et non comme citoyens. Le fait que certaines de ces dernières lois peuvent être invoquées par d'autres que par les travailleurs n'a point paru une raison suffisante pour les faire écarter de la codification.

La législation ouvrière que la Commission est chargée de réunir en un Code déborde, en effet, le domaine du travail proprement dit. Elle comprend aussi la matière de l'assurance et de la prévoyance sociales.

A la suite de cette décision la Commission a adopté, parmi les différents titres qui avaient été proposés pour le Code en préparation, celui de « Code du travail et de la Prévoyance sociale », qui lui a paru limiter de la façon la plus précise le domaine de la législation à codifier.

La Commission a ensuite examiné si la codification ne devrait pas s'étendre également aux décrets pris en exécution des lois qui seront incorporées dans le Code. La raison de réunir dans un même cadre ces deux ordres de disposition est que les décrets sont obligatoires au même titre que les lois, et que les ouvriers et patrons à qui le Code est principalement destiné pourraient ainsi connaître, d'un seul coup d'œil, l'étendue de leurs droits ou de leurs obligations.

Il a paru que cet avantage se trouverait réalisé par la publication, en dehors du Code, de recueils bien compris, et que l'insertion des décrets dans le corps même de la codification, solidifierait en quelque sorte leurs dispositions et entraverait leurs modifications ultérieures. Le travail entrepris ne doit pas, en effet, être considéré comme une simple juxtaposition méthodique de toutes les dispositions ayant force obligatoire, mais comme un projet de Code, devant aboutir à un projet de loi à soumettre à la sanction du Parlement.

Dans ces conditions la Commission a décidé de ne point incorporer dans son travail les dispositions d'ordre purement réglementaire. Elle n'a cependant nullement entendu se désintéresser de cette importante question. Elle estime que les dispositions réglementaires, issues de la législation, soulèvent forcément les mêmes critiques que la législation elle-même. Mais elle est d'avis qu'on ne pourra procéder à une refonte des règlements que quand le Parlement aura sanctionné l'œuvre de la Commission quant aux lois.

La question de l'introduction dans le code des législations spéciales (mines, chemins de fer, gens de mer, etc,) a également attiré l'attention de la Commission. Cette question a fait l'objet d'un examen spécial de la part des rapporteurs qui ont eu à la résoudre.

Une question assez voisine de la précédente est celle de savoir si des dispositions déjà codifiées, qui logiquement devraient faire partie de la législation ouvrière, devront être extraites des codes où elles figurent pour être insérées dans le code nouveau. Les rapports spéciaux donneront sur ce point les décisions qui ont été prises par la Commission sur chaque espèce particulière. Il a cependant été décidé en principe qu'il n'y aurait pas lieu, sauf exception, d'extraire les dispositions déjà codifiées des recueils existants, et qu'il serait préférable, dans le cas où ces dispositions devraient nécessairement prendre place dans le code ouvrier, de les mentionner par voie de référence.

IV

Conformément aux indications de **M. Millerand** qui avait limité, dans son discours inaugural, les attributions de la Commission de codification, une discussion assez longue s'est élevée sur les modifications que la Commission pourrait apporter à la législation existante. Ces modifications peuvent être divisées en modifications en la forme et modifications au fond.

Sur le premier point il a été décidé tout d'abord que les rapporteurs substitueraient partout, autant qu'ils le pourraient, le présent au futur dans la rédaction des textes. Le présent, plus précis, plus immédiatement obligatoire, a en outre l'avantage d'être dans presque tous les cas, la forme la mieux appropriée à l'intéressé qui prend connaissance de la disposition qui le concerne. Le futur au contraire, qui est la formule du législateur uniquement préoccupé de son point de vue, a paru devoir être supprimé d'une législation qui veut être accessible, claire et précise.

En outre le travail auquel les rapporteurs ont dû se livrer, travail de fusion ou de fractionnement des textes suivant les nécessités de l'ordre

logique adopté, a nécessité un certain nombre d'autres modifications de
forme. Ces modifications ont été rendues visibles par l'impression en
italique des parties sur lesquelles elles ont porté.

Mais le travail de rapprochement des textes auquel se sont livrés les
rapporteurs devait faire ressortir en outre la nécessité de modifications
de fond, en mettant en évidence soit des dispositions contradictoires,
soit des dispositions contestées, soit enfin certaines dispositions qui, de
l'aveu unanime, ne sauraient être conservées dans la législation.

En ce qui concerne les dispositions nettement contradictoires, les rapporteurs exposent dans leurs rapports particuliers les raisons qui ont décidé la Commission à adopter telle solution de préférence à telle autre.
Elle s'est bornée sur ce point à sanctionner en fait la jurisprudence établie.

Il en a été de même des dispositions qui ont donné lieu à l'origine à
des interprétations divergentes. La Commission, désireuse de n'apporter
à son travail de codification aucune modification à l'ensemble des dispositions obligatoires existantes, n'a point en principe introduit d'inno-
vation dans son texte codifié. Elle a simplement adopté celle des interprétations que la jurisprudence avait consacrée.

Cependant, dans certaines éventualités assez rares, la Commission
s'est trouvée en face de dispositions soit contradictoires soit contestées
pour l'interprétation desquelles il n'existe point à l'heure actuelle de
jurisprudence établie; obligée d'opter pour l'une ou l'autre alternative,
elle n'a fait qu'adopter la solution qui lui a paru répondre le plus exactement à l'intention du législateur.

La Commission n'a pas cru devoir borner là ses efforts. Bien qu'elle
ne fût pas, en principe, chargée d'apporter à la législation existante les
modifications de fond réclamées par l'état des mœurs et les progrès de
la législation ouvrière, elle ne pouvait rester indifférente devant certaines défectuosités par trop évidentes. D'autre part, examinant des dispositions dont le sens avait été définitivement fixé en fait par la jurisprudence, elle ne pouvait s'abstenir de constater que, parfois, les
expressions dont s'était servi le législateur avaient permis des interprétations qui ne répondaient point à ses intentions manifestes. Enfin, en
dehors des dispositions nettement contradictoires entre lesquels il était
nécessaire de faire un choix, elle s'était trouvée plusieurs fois en présence
de textes qui, votés à différentes époques et se recommandant de principes très divers, lui paraissaient ne pouvoir coexister dans un code sans
en compromettre l'unité nécessaire.

Elle a donc été amenée à proposer subsidiairement, sur certains
articles, des modifications de fond. Mais ce ne sont là que de simples
suggestions, visant seulement les défectuosités ou les lacunes les plus

évidentes de notre législation ouvrière. Et encore a-t-elle entendu limiter, dans la plupart des cas, ses propositions de réforme à l'amélioration du contrôle.

Pour permettre de distinguer nettement ces différents ordres d'études, l'ensemble du travail de codification a été présenté sous un tableau présentant un certain nombre de divisions.

Dans une première division, sous la rubrique « Texte codifié » se trouvent simplement présentées dans un ordre plus méthodique les dispositions actuellement en vigueur. Nous rappelons que ce texte indique en lettres italiques les modifications de pure forme apportées à sa rédaction.

Une deuxième colonne donne l'énonciation des textes actuellement en vigueur, correspondant aux dispositions codifiées. Ces textes ont été, dans un but de simplification, énoncés seulement par lois et articles.

Pour permettre de proposer subsidiairement les modifications de fond qui lui ont paru indispensables, la commission a décidé d'ouvrir, pour certains livres, et en particulier pour le livre II, une troisième colonne indiquant les « modifications proposées subsidiairement ».

Une dernière colonne est réservée aux observations portant sur le détail des articles. Quant aux observations d'ordre général, elles trouveront place dans les rapports qui précèdent chaque livre.

Cette disposition permettrait, le cas échéant, au Parlement de transformer rapidement en une loi, sans apporter de modification de fond à la législation existante, le texte qui figure à la première colonne de chacun des livres présentés (1).

---

(1) Voici, à titre documentaire, quelques indications sur la procédure adoptée par le Parlement allemand relativement à la discussion du projet de code civil en vigueur depuis le 1er janvier 1900. Ces indications sont extraites de l'ouvrage de M. Saleilles : *Introduction à l'étude du droit civil allemand.*

Si l'on s'en était tenu à la procédure traditionnelle qui comporte des formalités nombreuses : triple lecture, délais, discussions successives, amendements individuels possibles sur chaque article, il eût été impossible d'aboutir. Le Reichstag, avec ses 397 membres, ayant chacun le droit d'initiative et d'amendement, paraissait un instrument bien mal préparé pour construire une œuvre d'ensemble dont toutes les parties devaient concorder point par point, sans qu'il se glissât entre elles ni lacunes ni contradictions.

Le projet qui avait été d'abord élaboré par diverses commissions présentant les garanties les plus sérieuses au point de vue scientifique et au point de vue de la pratique, puis soumis au Reichstag, avait reçu sa forme définitive après une étude qui se poursuivit pendant 53 séances au sein d'une commission parlementaire.

Le point délicat était d'obtenir une entente entre les parties de façon à ce que chacun des membres renonçât à son droit d'amendement. Par une sorte de compromis tacite, il n'y eut de larges débats que sur les questions de principe, de politique sociale ou religieuse, et tous les partis s'abstinrent des procédés habituels d'obstruction. A la suite d'un accord entre les divers groupes parlementaires, la plupart des articles furent votés en bloc sans qu'il y ait eu suppression ou même étouffement arbitraire de la discussion.

Le Reichtag allemand, sans renoncer formellement aux droits que lui donnait son règlement, a préféré, en cette circonstance, transiger quant à leur exercice, ou même y renoncer momentanément, plutôt que de compromettre l'œuvre nationale de la codification du droit privé.

V

Il reste à aborder l'étude du cadre même de la codification des lois ouvrières, tel qu'il a été arrêté par la Commission.

Pour l'établissement de ce cadre, la Commission a tenu tout d'abord à éviter de faire une œuvre purement doctrinale, sans contact avec la réalité. Sans prétendre restreindre son cadre à la mesure de la législation actuelle qui n'a point encore réglementé d'importantes matières, telles que, par exemple, la coopération, elle n'a point voulu davantage l'étendre à un avenir législatif théorique indéfini. Elle a donc décidé de n'ouvrir une rubrique que s'il existait déjà actuellement une amorce quelconque, telle qu'une proposition ou un projet voté par l'une des deux chambres, permettant d'espérer que la rubrique pourra, dans un avenir plus ou moins prochain, contenir les dispositions qu'elle prévoit.

Différentes propositions ont été faites relativement aux divisions du Code. On a adopté la division classique en livres, titres, chapitres, sections, paragraphes et articles.

A cette occasion la question de numérotation des articles ne pouvait manquer de se poser. La Commission n'a pas voulu adopter un mode nouveau qui aurait pu troubler les usages. Elle n'a pas voulu davantage prévoir des interruptions de numérotation pour laisser place aux dispositions nouvelles des lois ultérieures. Elle a adopté une seule suite de numéros pour chaque livre, et a prescrit à ses rapporteurs de faire leurs articles aussi courts que possible, afin qu'ils puissent se prêter aux additions futures.

Au cours de la discussion qui s'est produite sur la classification des matières à codifier, ainsi que sur les titres à donner aux différents livres, la Commission s'est préoccupée surtout de l'intérêt pratique des ouvriers qui seront appelés à consulter la codification. Les deux premiers livres : *des Conventions relatives au travail*, et : *de la Réglementation du travail* s'occuperont tout d'abord, le premier de l'ouvrier qui veut entrer à l'atelier, et le second de l'ouvrier à l'atelier. Quant au titre : *des Groupements professionnels*, il concerne les ouvriers s'organisant en dehors du travail. Enfin le titre *de la Juridiction et de la représentation professionnelles* groupe les organes qui peuvent être appelés à régler les différents individuels ou collectifs, ou à exercer sur l'organisation du travail une mission de contrôle et de tutelle.

Quant à la matière de la Prévoyance sociale, elle a été divisée en deux livres, celui *des Assurances ouvrières*, et celui *de la Prévoyance*.

Enfin un septième livre est consacré à *l'Assistance* qui a été envisagée par la Commission, après une discussion approfondie, comme le complément indispensable de son œuvre.

Cette première division établie, la Commission s'est demandé de quelle façon il convenait de disposer les textes divers relatifs à la Compétence et aux Pénalités.

Elle avait songé tout d'abord à grouper cette matière dans un livre spécial, comportant des renvois aux articles du Code. De cette façon se trouvait réalisée la séparation entre les prescriptions et les sanctions. Le livre des Pénalités se serait ainsi trouvé être le Code pénal du Code du travail.

Mais cette idée, séduisante à la discussion, n'a point donné à l'expérience les résultats qu'on en attendait. La plupart des règles n'ont pu être facilement séparées de leur procédure et de leurs sanctions. La création d'un livre spécial eût en outre entraîné, étant donné la diversité des pénalités, presque autant de titres qu'ils existe de livres.

On adopta donc en principe l'établissement, dans chaque livre, d'un titre spécial aux Compétences et Pénalités, avec réserve toutefois que, pour certains livres où les règles ne sauraient être séparées des sanctions, ce titre spécial pourrait même disparaître si la Commission, sur la demande du rapporteur, en décidait ainsi.

Voici d'ailleurs les divisions et subdivisions qui ont été adoptées après une longue discussion :

LIVRE Ier. — DES CONVENTIONS RELATIVES AU TRAVAIL.

Titre Ier. — Du contrat d'apprentissage.
Titre II. — Du contrat de travail.
Titre III. — Du salaire.
Titre IV. — Du placement des travailleurs.
Titre V. — Des pénalités.

LIVRE II. — DE LA RÉGLEMENTATION DU TRAVAIL.

Titre Ier. — Du travail des enfants et des femmes.
Titre II. — Du travail des hommes adultes.
Titre III. — Du travail des étrangers.
Titre IV. — De l'hygiène et de la sécurité des travailleurs.
Titre V. — De l'inspection du travail.
Titre VI. — Des pénalités.

LIVRE III. — DES GROUPEMENTS PROFESSIONNELS.

LIVRE IV. — DE LA JURIDICTION; DE LA CONCILIATION ET DE L'ARBITRAGE. — DE LA REPRÉSENTATION PROFESSIONNELLE.

LIVRE V. — DE L'ASSURANCE OUVRIÈRE.

LIVRE VI. — DE LA PRÉVOYANCE.

LIVRE VII. — DE L'ASSISTANCE.

(Les subdivisions de ce livre n'ont point été arrêtées.)

Les divisions des trois premiers livres ont seules été, jusqu'à ce jour définitivement arrêtées. La discussion qui se poursuit sur les autres livres pourra faire apparaître ultérieurement la nécessité de modifications de détail dans les autres divisions et subdivisions du projet de Code.

Enfin, la Commission a désigné, pour l'élaboration de chacun des livres du Code, les rapporteurs dont les noms suivent :

Livre Iᵉʳ. — (Conventions relatives au travail) M. Raoul JAY, professeur à la Faculté de droit de l'Université de Paris.

Livre II. — (Réglementation du travail) M. BOURGUIN, professeur-adjoint à la Faculté de droit de l'Université de Paris.

Livre III. — (Groupements professionnels) M. Arthur FONTAINE, directeur du travail au Ministère du commerce.

Livre IV. — (Juridiction; Conciliation et arbitrage; représentation professionnelles) M. LA BORDE, conseiller à la Cour de cassation.

Livre V. — (Assurances ouvrières) M. Georges PAULET, directeur de l'Assurance et de la Prévoyance sociales au Ministère du commerce.

Livre VI. — (Prévoyance) MM. DUBOIN, conseiller à la Cour de cassation, et VEL-DURAND, conseiller d'État.

Livre VII. — (Assistance) M. DE MOUY, conseiller d'État.

Chacun des rapporteurs a été chargé de rédiger un premier projet dont le texte a été discuté point par point par la Commission, et d'établir un rapport qui a été soumis ensuite à son approbation. Ce mode de procéder pouvait seul établir, dans chacune des parties du projet, l'unité indispensable d'inspiration et de rédaction ; en outre les débats auxquels a servi de base le travail individuel des rapporteurs ont permis et permettront dans la suite d'éviter toute divergence de vue entre les différents livres du même Code.

Cet exposé ne serait point complet si je ne me faisais ici l'interprète du sentiment unanime de la Commission qui a hautement apprécié le concours que lui ont apporté sans réserve les rapporteurs des projets déjà élaborés, et leur connaissance profonde des questions ouvrières. Elle a pu constater en outre le soin scrupuleux, et j'ajouterai méritoire, avec lequel ils ont tenu à se maintenir dans le programme qui leur avait été tracé. C'est donc leur œuvre, devenue l'œuvre de la Commission toute entière, que j'ai l'honneur de soumettre à votre haute approbation.

Veuillez agréer, Monsieur le Ministre, l'assurance de ma haute considération.

Le Président de la Commission

Louis RICARD.

RAPPORT

DE LA COMMISSION DE CODIFICATION DES LOIS OUVRIÈRES

SUR LE LIVRE Ier :

DES CONVENTIONS RELATIVES AU TRAVAIL.

RAPPORTEUR : M. RAOUL JAY,

PROFESSEUR À LA FACULTÉ DE DROIT DE L'UNIVERSITÉ DE PARIS.

En ouvrant, le 11 décembre 1901, les travaux de la Commission de codification des lois ouvrières (1), M. le Ministre du commerce et de l'industrie déclarait qu'un des services qu'il attendait de cette Commission était de faire apparaître au législateur les lacunes de la législation ouvrière.

Ce sera là le principal, sinon l'unique résultat de l'effort tenté par la Commission, pour réunir, dans le livre I, sous le titre des Conventions relatives au travail, les textes en vigueur au sujet de l'Apprentissage, du Contrat de travail, du Placement des ouvriers.

Le Contrat de travail est, sans aucun doute, l'un des plus usuels, le plus important peut-être des contrats. Il est, chaque jour, la condition de l'existence d'un grand nombre d'hommes. Cependant, le législateur français n'a encore su lui consacrer que des dispositions spéciales, éparses, sans lien entre elles.

Les rédacteurs du Code civil s'étaient presque complètement désintéressés

---

(1) La Commission de codification des lois ouvrières est composée de MM. Louis Ricard, ancien Garde des Sceaux, Président, Bourguin, professeur adjoint à la Faculté de Droit de Paris; Chapsal, maître des requêtes au Conseil d'État, Directeur du Cabinet au Ministère du Commerce; Dubief député, président de la Commission du travail; Duboin, Conseiller à la Cour de cassation; Fontaine (Arthur), directeur du Travail au Ministère du Commerce; Girard, sénateur, Groussier, ancien député; Jay, professeur à la Faculté de droit de l'Université de Paris; La Borde, conseiller à la Cour de cassation; de Mouy, conseiller d'État; Paulet (Georges), directeur de l'Assurance et de la Prévoyance sociale au Ministère du Commerce; Strauss, sénateur; Vel-Durand, conseiller d'État. — Secrétaires : MM. Petit, docteur en droit, avocat à la Cour d'appel de Paris; Bourdeaux, juge suppléant au Tribunal civil de la Seine; Brice, chef de bureau au Ministère du Commerce.

du Contrat de travail (1). Les Parlements de la troisième République ont vu se multiplier les projets et les propositions de loi destinés à combler une si regrettable lacune. Mais un petit nombre seulement de ces projets et propositions ont abouti. Il faut ajouter que, même parmi les lois de date récente, il en est — la loi du 12 janvier 1895 sur la saisie-arrêt des salaires, par exemple — qui devront être prochainement refondues.

Aucune réglementation générale du Contrat de travail comme celle qu'édicte aujourd'hui la loi belge du 10 mars 1900 n'a jusqu'à présent pu être, en France, promulguée.

Les plus graves questions attendent une solution.

C'est ainsi que la détermination des conditions de validité et de preuve du Contrat de travail reste abandonnée aux seules règles du Droit commun. On sait pourtant combien, spécialement en matière de preuves, les exigences de ce Droit commun se concilient mal avec les habitudes du monde du travail.

L'absence d'une législation spéciale sur les conditions de validité du Contrat de travail peut avoir de plus fâcheuses conséquences. Le développement de la grande industrie rend, dans des cas de plus en plus nombreux, impossible la libre discussion du Contrat individuel de travail. Œuvre du seul patron, le règlement d'atelier ne se contente pas toujours de prescrire des mesures d'ordre intérieur. Il constitue parfois un véritable Contrat de travail. On le voit établir ou supprimer le délai-congé, autoriser des retenues sur les salaires, etc. Plusieurs, parmi les plus importantes législations étrangères, sont intervenues pour prescrire la publicité du règlement d'atelier, exiger la consultation des ouvriers, imposer certains contrôles, certaines homologations. Il y a plus de dix ans que, suivant ces exemples, la Chambre des députés française votait une proposition aux termes de laquelle le règlement d'atelier devait être soumis à l'homologation du Conseil des prud'hommes ou du juge de paix. Mais ce vote n'a pas eu de lendemain. Et, à la section du règlement d'atelier, la Commission est obligée d'inscrire cette mention : « Aucune loi votée ».

On peut d'ailleurs espérer que l'évolution qui, pour la détermination des conditions du travail, tend à substituer le contrat collectif au contrat individuel aura quelque jour pour effet de rendre inutiles les législations spéciales au règlement d'atelier. Ce jour n'est pas encore arrivé.

Mais, dès à présent, le développement des accords collectifs ou syndicaux, l'importance croissante des ententes formées entre les chefs d'industrie et les représentants des ouvriers de l'atelier ou de la profession ont eu pour résultat de faire apparaître des contrats d'un type nouveau, jusqu'ici inconnu. L'expression « Contrats collectifs de travail » sous laquelle on les désigne ne rend pas, d'ordinaire, un compte exact de leur nature et de leurs effets. D'ordinaire, en effet, ces contrats n'emporteront pour aucun ouvrier l'obligation de travailler pour un patron déterminé. Le patron sera seulement

---

(1) V. GLASSON, *Le Code civil et la question ouvrière*, Compte rendu de l'Académie des ciences morales, 1886.

obligé, s'il occupe des ouvriers, d'accorder à ces ouvriers certaines conditions de travail.

Ce qu'on appelle « Contrat collectif de travail » n'est alors, en réalité, qu'une réglementation contractuelle préalable des conditions du travail. Le syndicat stipule, le plus souvent, pour tous ceux qui exercent la profession. N'a-t-il pas reçu de la loi elle-même le droit de défendre les intérêts professionnels ? A certains égards même, le syndicat apparaît ici le délégué et le précurseur du législateur. Comme le législateur, il prétend enfermer dans des limites précises et d'avance posées la concurrence entre ouvriers comme la concurrence entre patrons.

Quoi qu'il en soit d'ailleurs de ces considérations, il est certain que les ententes dont nous essayons de préciser le caractère soulèvent des problèmes juridiques bien faits pour désorienter les doctrines et les jurisprudences traditionnelles. Nous croyons que le législateur ne pourra pas se désintéresser longtemps de la solution de ces problèmes et c'est dans cette pensée que nous avons cru devoir ouvrir, au titre du Contrat de travail, un chapitre des conventions collectives.

L'Administration qui, dans les cahiers des charges des marchés de travaux publics ou de fournitures, stipule certaines conditions de travail en faveur des ouvriers employés par les adjudicataires ou concessionnaires de ces travaux ou fournitures, joue un rôle analogue à celui que joue le syndicat dans le « Contrat collectif de travail ». A côté du chapitre des conventions collectives nous plaçons un chapitre : Des conditions du travail dans les marchés passés au nom de l'État, des départements, des communes et des établissements publics. La législation inaugurée par les décrets du 10 août 1899 trouvera quelque jour dans ce chapitre un cadre tout préparé.

La mention « Aucune loi votée » a dû être plusieurs fois inscrite au titre du salaire.

Notre législation ne contient encore aucune disposition sur la participation aux bénéfices.

Le salaire lui-même n'a pas obtenu toute la protection qui lui est due.

Les Codes civil et de commerce ont, il est vrai, privilégié, dans certains cas, la créance de salaire. La loi du 12 janvier 1895 limite les prélèvements que le patron ou les créanciers personnels de l'ouvrier peuvent exercer sur ce salaire. Cependant, aucun privilège général n'est, au cas de déconfiture du patron non commerçant, reconnu à l'ouvrier créancier de salaire : la loi de 1895 vise uniquement les retenues opérées au cas de fournitures ou d'avances en argent. Elle ne s'occupe ni des retenues pour malfaçons ni des amendes. Le patron n'est plus, dans un grand nombre de pays, libre d'inscrire au règlement d'atelier des amendes quelconques, ni d'employer, à son profit, le produit de ces amendes. La Chambre des députés et le Sénat se sont plusieurs fois prononcés en faveur de la réglementation ou même de l'interdiction des amendes. Mais l'entente n'a pu se faire entre les deux Assemblées. Aucune loi ne limite, à ce point de vue, la liberté des patrons français.

Ce n'est pas tout. L'expérience a révélé à quels abus peut donner lieu le payement du salaire. La plupart des législations étrangères ont interdit le *truck system*, le payement du salaire soit en marchandises, soit en bons ou jetons échangeables contre des marchandises. Plusieurs ont voulu que le payement du salaire ne pût avoir lieu dans le cabaret ou la boutique du patron ou du contremaître. Plusieurs ont jugé nécessaire d'imposer au patron l'obligation de payer ses ouvriers à des intervalles périodiques plus ou moins rapprochés. Pour le payement du salaire comme pour les amendes, les intéressants travaux depuis nombre d'années poursuivis devant la Chambre des députés et le Sénat n'ont pas jusqu'à présent abouti à la promulgation d'une loi.

Nous ne sommes guère plus avancés en ce qui concerne la détermination, le calcul du salaire.

La complexité des procédés industriels contemporains augmente chaque jour l'intérêt que présentent pour les ouvriers aux pièces comme pour la paix de l'atelier les mesures destinées à assurer l'exactitude et la loyauté de ce calcul.

On sait quels services ont rendus les prescriptions sur la détermination du travail et du salaire introduites dans la législation anglaise, en 1895. Grâce à elles, un nombre croissant d'ouvriers peut se rendre un compte précis des conditions dans lesquelles le salaire est établi. Divers pays ont suivi l'exemple de l'Angleterre. En Belgique, la loi du 30 juillet 1901 règle le mesurage du travail des ouvriers.

En France, les lois de 1850 et de 1856, moins connues, si l'on en croit M. Sauzet, que les textes du Droit romain sur la répression du dol constituaient une tentative originale pour écarter du Contrat de travail les manœuvres frauduleuses possibles (1). La loi du 7 mars 1850 sur les moyens de constater les conventions entre patrons et ouvriers, en matière de tissage et de bobinage, avait, d'après le rapport de Cunin-Gridaine, pour but « d'établir la régularité des rapports entre les patrons et les ouvriers, en matière de tissage et de bobinage. Elle laisse aux parties la plus grande latitude dans le règlement des conventions, mais elle prescrit des règles pour les éclairer sur l'objet de leur contrat, c'est-à-dire sur tous les éléments qui, ayant de l'influence sur le travail, doivent en avoir sur le prix » (2).

Malheureusement, les lois de 1850 et de 1856 sont restées isolées. Et pour montrer combien les droits des ouvriers demeurent, en cette délicate question, mal garantis, il suffira de rappeler que les dispositions légales qui punissent l'usage de faux poids, de fausses mesures ou de mesures inexactes ne paraissent pas, en l'état actuel du Droit, pouvoir être appliquées aux fraudes commises dans la détermination du prix du travail.

C'est, en somme, un procès-verbal de carence que nous nous voyons obligés de dresser.

La Commission de codification des lois ouvrières ne peut que constater qu'une œuvre législative considérable reste l'indispensable préliminaire de toute codification des textes relatifs au Contrat de travail.

---

(1) Sauzet, *Le livret obligatoire des ouvriers*, p. 10, note.
(2) Sauzet, *loc. cit.*

Il ne lui appartenait pas de tracer d'une façon plus précise le programme de cette œuvre législative. Il lui a paru inutile de modifier, sur des points de détail, des textes qui devront être complètement remaniés.

Elle veut du moins espérer que le travail de coordination auquel elle s'est livrée aura pour résultat de hâter, en quelque mesure, l'élaboration et la promulgation d'une législation générale et homogène sur la formation et les effets du Contrat de travail.

DIVISION DU LIVRE.

LIVRE I. — DES CONVENTIONS RELATIVES AU TRAVAIL.

TEXTES CODIFIÉS DANS LE LIVRE I.

Loi du 22 germinal an XI, art. 15.

Code civil, art. 1780.

Loi du 18 mars 1806 portant création d'un conseil de prud'hommes à Lyon, art. 20 à 28 inclus.

Décret du 2 mars 1848, art. 2.

Arrêté du 21 mars 1848 sur la répression de l'exploitation des ouvriers par le marchandage.

Loi du 7 mars 1850 sur les moyens de constater les conventions en matière de tissage et de bobinage.

Loi du 22 février 1851, sur le contrat d'apprentissage, sauf l'article 9 et la dernière phrase de l'article 8.

Décret du 25 mars 1852, sur les bureaux de placement.

Loi du 21 juillet 1856 qui étend à la coupe du velours de coton, ainsi qu'à la teinture ou blanchiment et à l'apprêt des étoffes, les dispositions de la loi du 7 mars 1850 sur le tissage et le bobinage.

Loi du 9 juillet 1889 (Code rural), art. 15.

Loi du 2 juillet 1890 abrogeant les dispositions relatives au livret ouvrier, art. 2 et 3.

Loi du 25 juillet 1891 ayant pour effet d'étendre à certains travaux l'application du décret du 26 pluviôse an II.

Loi du 12 janvier 1895, sur la saisie-arrêt des salaires, sauf les articles 17 et 18.

Loi du 18 juillet 1901 garantissant leur travail et leur emploi aux réservistes et aux territoriaux appelés à faire leur période d'instruction militaire.

Loi du 14 mars 1904, sur le placement des ouvriers, sauf l'article 13.

Les articles ou les parties d'articles qui ne reproduisent pas littéralement un texte en vigueur sont signalés par des caractères italiques.

On n'a pas cependant cru devoir signaler de la sorte les articles dans lesquels on s'est contenté de remplacer le futur par le présent, conformément à une décision générale de la Commission de codification.

LIVRE I. — Des conventions relatives au travail.

TEXTE CODIFIÉ.	LOIS EN VIGUEUR.	OBSERVATIONS.

TITRE Iᵉʳ. — Du contrat d'apprentissage. (1)

CHAPITRE Iᵉʳ. — DE LA NATURE ET DE LA FORME DU CONTRAT.

TEXTE CODIFIÉ.	LOIS EN VIGUEUR.	OBSERVATIONS.
1. — Le contrat d'apprentissage est celui par lequel un fabricant, un chef d'atelier ou un ouvrier s'oblige à enseigner la pratique de sa profession à une autre personne, qui s'oblige, en retour, à travailler pour lui; le tout à des conditions et pendant un temps convenus.	Loi du 22 février 1851, article 1ᵉʳ.	
2. — Le contrat d'apprentissage est fait par acte public ou par acte sous seing privé. Il peut aussi être fait verbalement, mais la preuve testimoniale n'en est reçue que conformément au titre du Code civil : des Contrats ou des Obligations conventionnelles en général. Les notaires, les secrétaires des Conseils de prud'hommes et les greffiers de justice de paix peuvent recevoir l'acte d'apprentissage. Cet acte est soumis pour l'enregistrement au droit fixe d'un franc, lors même qu'il contiendrait des obligations de sommes ou valeurs mobilières, ou des quittances. Les honoraires dus aux officiers publics sont fixés à deux francs.	Loi du 22 février 1851, article 2.	
3. — L'acte d'apprentissage contient : 1° Les nom, prénoms, âge, profession et domicile du maître; 2° Les nom, prénoms, âge et domicile de l'apprenti; 3° Les noms, prénoms, professions et domicile de ses père et mère, de son tuteur, ou de la personne autorisée par les parents et, à leur défaut, par le juge de paix;	Loi du 22 février 1851, article 3.	

(1) Sous ce titre nous reproduisons tous les textes de la loi du 22 février 1851 à l'exception : 1° de la dernière phrase de l'article 8 et de l'article 9 renvoyés au livre de la Réglementation du travail ; 2° des articles 20 et 21 renvoyés au titre des pénalités ; 3° de l'article 22 qui ne contenait que l'abrogation des textes antérieurs à la loi de 1851 et qu'il a paru inutile de reproduire.

TEXTE CODIFIÉ.	LOIS EN VIGUEUR.	OBSERVATIONS.
4° La date et la durée du contrat; 5° les conditions de logement, de nourriture, de prix et toutes autres arrêtées entre les parties. Il doit être signé par le maître et par les représentants de l'apprenti.		

CHAPITRE II. — Des conditions du contrat.

TEXTE CODIFIÉ.	LOIS EN VIGUEUR.	OBSERVATIONS.
4. — Nul ne peut recevoir des apprentis mineurs, s'il n'est âgé de vingt et un ans au moins.	Loi du 22 février 1851, article 4.	
5. — Aucun maître, s'il est célibataire ou en état de veuvage, ou *divorcé* ne peut loger, comme apprenties, des jeunes filles mineures.	Loi du 22 février 1851, article 5.	Il a paru nécessaire d'assimiler la situation du maître divorcé à celle du maître célibataire ou veuf.
6. Sont incapables de recevoir des apprentis : Les individus qui ont subi une condamnation pour crime; Ceux qui ont été condamnés pour attentat aux mœurs; Ceux qui ont été condamnés à plus de trois mois d'emprisonnement pour les délits prévus par les articles 388, 401, 405, 406, 407, 408, 423 du Code pénal.	Loi du 22 février 1851, article 6.	
7. — L'incapacité résultant de l'article 6 peut être levée par le Préfet, sur l'avis du Maire, quand le condamné, après l'expiration de sa peine, a résidé pendant trois ans dans la même commune. A Paris, les incapacités seront levées par le Préfet de police.	Loi du 22 février 1851, article 7.	

CHAPITRE III. — Des devoirs des maîtres et des apprentis.

TEXTE CODIFIÉ.	LOIS EN VIGUEUR.	OBSERVATIONS.
8. — Le maître doit se conduire envers l'apprenti en bon père de famille, surveiller sa conduite et ses mœurs, soit dans la maison, soit au dehors, et avertir ses parents ou leurs représentants des fautes graves qu'il pourrait commettre ou des penchants vicieux qu'il pourrait manifester. Il doit aussi les prévenir, sans retard, en cas de maladie, d'absence, ou de tout fait de nature à motiver leur intervention.	Loi du 22 février 1851, article 8, à l'exception de la dernière phrase.	

TEXTE CODIFIÉ.	LOIS EN VIGUEUR.	OBSERVATIONS.
Il n'emploiera l'apprenti, sauf conventions contraires, qu'aux travaux et services qui se rattachent à l'exercice de sa profession.		
9. — Si l'apprenti âgé de moins de seize ans ne sait pas lire, écrire et compter, ou s'il n'a pas encore terminé sa première éducation religieuse, le maître est tenu de lui laisser prendre, sur la journée de travail, le temps et la liberté nécessaires pour son instruction. Néanmoins, ce temps ne peut excéder deux heures par jour.	Loi du 22 février 1851, article 10.	
10. — Le maître doit enseigner à l'apprenti, progressivement et complètement, l'art, le métier ou la profession spéciale qui fait l'objet du contrat. Il lui délivrera, à la fin de l'apprentissage, un congé d'acquit, ou certificat constatant l'exécution du contrat.	Loi du 22 février 1851, article 12.	
11. — L'apprenti doit à son maître fidélité, obéissance et respect; il doit l'aider, par son travail, dans la mesure de son aptitude et de ses forces. Il est tenu de remplacer, à la fin de l'apprentissage, le temps qu'il n'a pu employer par suite de maladie ou d'absence ayant duré plus de quinze jours.	Loi du 22 février 1851, article 11.	L'ordre des articles 11 et 12 de la loi de 1851 a été interverti dans le but de rapprocher les divers textes qui précisent les obligations du maître.
12. — Tout fabricant, chef d'atelier ou ouvrier, convaincu d'avoir détourné un apprenti de chez son maître, pour l'employer en qualité d'apprenti ou d'ouvrier, pourra être passible de tout ou partie de l'indemnité à prononcer au profit du maître abandonné.	Loi du 22 février 1851, article 13.	

CHAPITRE IV. — DE LA RÉSOLUTION DU CONTRAT.

TEXTE CODIFIÉ.	LOIS EN VIGUEUR.	OBSERVATIONS.
13. — Les deux premiers mois de l'apprentissage sont considérés comme un temps d'essai pendant lequel le contrat peut être annulé par la seule volonté de l'une des parties. Dans ce cas, aucune indemnité ne sera allouée à l'une ou l'autre partie, à moins de conventions expresses.	Loi du 22 février 1851, article 14.	

TEXTE CODIFIÉ.	LOIS EN VIGUEUR.	OBSERVATIONS.
14. — Le contrat d'apprentissage est résolu de plein droit : 1° Par la mort du maître ou de l'apprenti ; 2° Si l'apprenti ou le maître est appelé au service militaire ; 3° Si le maître ou l'apprenti vient à être frappé d'une des condamnations prévues en l'article 6 *du présent titre;* 4° Pour les filles mineures, dans le cas *de divorce du maître,* de décès de l'épouse du maître, ou de toute autre femme de la famille qui dirigeait la maison à l'époque du contrat.	Loi du 22 février 1851, article 15.	Même observation que sur l'article 5.
15. — Le contrat peut être résolu sur la demande des parties ou de l'une d'elles : 1° Dans le cas où l'une des parties manquerait aux stipulations du contrat ; 2° Pour cause d'infraction grave ou habituelle aux prescriptions *du présent titre* et des articles 25 à 30 et 58 du livre II. 3° Dans le cas d'inconduite habituelle de la part de l'apprenti ; 4° Si le maître transporte sa résidence dans une autre commune que celle qu'il habitait lors de la convention. Néanmoins, la demande en résolution du contrat fondée sur ce motif n'est recevable que pendant trois mois à compter du jour où le maître aura changé de résidence ; 5° Si le maître ou l'apprenti encourait une condamnation emportant un emprisonnement de plus d'un mois ; 6° Dans le cas où l'apprenti viendrait à contracter mariage.	Loi du 22 février 1851, article 16.	
16. — Si le temps convenu pour la durée de l'apprentissage dépasse le maximum de la durée consacrée par les usages locaux, ce temps peut être réduit ou le contrat résolu.	Loi du 22 février 1851, article 17.	

CHAPITRE V. — DE LA COMPÉTENCE.

17. — Toute demande à fin d'exécution ou de résolution de contrat sera jugée par le Conseil des prud'hommes dont le maître est justiciable, et, à défaut, par le juge de paix du canton. Les réclamations qui pourraient être dirigées contre les tiers en vertu *de l'article 12 du présent titre* seront portées devant le Conseil des prud'hommes ou devant le juge de paix du lieu de leur domicile.	Loi du 22 février 1851, article 18.	

TEXTE CODIFIÉ.	LOIS EN VIGUEUR.	OBSERVATIONS.
18. — Dans les divers cas de résolution prévus au *chapitre IV* les indemnités ou les restitutions qui pourraient être dues à l'une ou à l'autre des parties seront, à défaut de stipulations expresses, réglées par le Conseil des prud'hommes ou par le juge de paix dans les cantons qui ne ressortissent point à la juridiction d'un Conseil de prud'hommes.	Loi du 22 février 1851, article 19.	

TITRE II. — Du contrat de travail [1].

CHAPITRE Ier. — DISPOSITIONS GÉNÉRALES.

19. — Le *contrat de travail* est soumis aux règles du droit commun et peut être constaté dans les formes qu'il convient aux parties contractantes d'adopter. Le contrat de travail *entre les chefs ou directeurs des établissements industriels et leurs ouvriers* est exempt de timbre et d'enregistrement.	ART. 2 de la loi du 2 juillet 1890 ayant pour objet d'abroger les dispositions relatives au livret ouvrier: Le contrat de louage d'ouvrage entre les chefs ou directeurs des établissements industriels et leurs ouvriers est soumis aux règles du droit commun et peut être constaté dans les formes qu'il convient aux parties d'adopter. Cette nature de contrat est exempte de timbre et d'enregistrement.	Nous avons, dans le second paragraphe, de l'article 19 introduit les mots «entre les chefs ou directeurs des établissements industriels et leurs ouvriers» pour ne pas donner à la dispense de timbre et d'enregistrement une portée plus large que celle qui lui appartient d'après les textes actuels. Il nous paraît cependant qu'une extension de la dispense à tous les contrats de travail serait justifiée.

CHAPITRE II. — DU LOUAGE DE SERVICES.

SECTION I. — *Conditions de validité et effets du louage de services.*

§ I. — Règles générales.

20. — On ne peut engager ses services qu'à temps ou pour une entreprise déterminée.	ART. 1780 du Code civil § 1.	Il nous a paru qu'il était, en ce qui concerne l'art. 1780, indispensable de faire une exception à la règle générale adoptée par la commission de codification, d'après laquelle les dispositions du Code civil ne doivent pas être reproduites dans le Code du travail.

[1] Nous savons les critiques qu'a soulevées l'expression contrat de travail, (V. Planiol. Traité élémentaire de droit civil 2e édit. t. II p. 566). Nous avons cependant cru devoir l'adopter préférablement à toute autre. Elle est aujourd'hui d'un usage courant particulièrement dans les milieux parlementaires et ouvriers. Le 10 mars 1900 le législateur belge édictait une loi sur le contrat de travail. On retrouve également l'expression contrat de travail dans la loi française du 18 juillet 1901, art. 1.

Les textes réunis sous le titre du contrat de travail ont d'ailleurs été présentés et rédigés dans la conviction que tout contrat formé entre un ouvrier et un patron (par opposition au contrat formé entre un ouvrier et son client direct), doit, dans l'état actuel de la législation, être considéré comme un contrat de travail appelé à bénéficier des règles particulières à ce contrat de travail, lors même que l'ouvrier travaille chez lui, en dehors de la surveillance du patron.

La loi belge du 10 mars 1900 ne vise, au contraire, que le contrat «par lequel un ouvrier s'engage à travailler sous l'autorité, la direction, et la surveillance du chef d'industrie ou patron.»

Nous pensons qu'il y aurait de graves inconvénients à restreindre ainsi la notion du contrat de travail. On pourrait être amené à refuser à l'ouvrier à domicile la protection de certaines lois ouvrières, celles relatives au salaire, par exemple. Aussi avons nous, en l'absence de toute définition légale du louage de services, cru devoir insérer, à l'article 30 un renvoi aux articles du Code civil relatifs aux devis et marchés.

TEXTE CODIFIÉ.	LOIS EN VIGUEUR.	OBSERVATIONS.
21. — La durée du *louage de services* est, sauf preuve d'une convention contraire, réglée suivant l'usage des lieux.	Loi du 9 juillet 1889 (Code rural) art. 15.	
22. — L'engagement d'un ouvrier ne peut excéder un an, à moins qu'il ne soit contremaître, conducteur des autres ouvriers ou qu'il n'ait un traitement et des conditions stipulés par un acte exprès.	Loi du 22 germinal an XI art. 15.	
23. — Le louage de services, fait sans détermination de durée, peut toujours cesser par la volonté d'une des parties contractantes. Néanmoins, la résiliation du contrat par la volonté d'un seul des contractants peut donner lieu à des dommages-intérêts. Pour la fixation de l'indemnité à allouer, le cas échéant, il est tenu compte des usages, de la nature des services engagés, du temps écoulé, des retenues opérées et des versements effectués en vue d'une pension de retraite, et, en général, de toutes les circonstances qui peuvent justifier l'existence et déterminer l'étendue du préjudice causé. Les parties ne peuvent renoncer à l'avance au droit éventuel de demander des dommages-intérêts en vertu des dispositions ci-dessus. Les contestations auxquelles pourra donner lieu l'application des paragraphes précédents, lorsqu'elles seront portées devant les Tribunaux civils et devant les Cours d'appel, seront instruites comme affaires sommaires et jugées d'urgence.	Art. 1780 du Code civil §§ 2, 3, 4, 5, 6.	
24. — Toute personne qui engage ses services peut, à l'expiration du contrat, exiger de celui à qui elle les a loués, sous peine de dommages-intérêts, un certificat contenant exclusivement la date de son entrée, celle de sa sortie et l'espèce de travail auquel elle a été employée. Ce certificat est exempt de timbre et d'enregistrement.	Art. 3 de la loi du 2 juillet 1890 abrogeant les dispositions relatives au livret ouvrier.	Il a paru inutile de rappeler l'abrogation du livret ouvrier.

TEXTE CODIFIÉ.	LOIS EN VIGUEUR.	OBSERVATIONS.
§ II. — Règles particulières aux réservistes et aux territoriaux appelés à faire une période d'instruction militaire.		
25. — En matière de louage de services, si un patron ou un ouvrier est appelé sous les drapeaux comme réserviste ou territorial pour une période obligatoire d'instruction militaire, le contrat de travail ne peut être rompu à cause de ce fait.	Loi du 18 juillet 1901, article 1er.	
26. — Alors même que, pour une autre cause légitime, le contrat serait dénoncé par l'une des parties, la durée de la période militaire est exclue des délais impartis par l'usage pour la validité de la dénonciation, sauf toutefois dans le cas où le contrat de louage a pour objet une entreprise temporaire prenant fin pendant la période d'instruction militaire.	Loi du 18 juillet 1901, article 2.	
27. — En cas de violation des articles précédents par l'une des parties, la partie lésée a droit à des dommages-intérêts qui seront arbitrés par le juge conformément aux *indications de l'article 23 du présent livre.*	Loi du 18 juillet 1901, article 3.	
28. — Toute stipulation contraire aux dispositions qui précèdent est nulle de plein droit.	Loi du 18 juillet 1901, article 4.	
SECTION II. — *Des règlements d'atelier.*		
	Aucune loi votée.	
SECTION III. — *De l'engagement et des loyers des matelots et gens de l'équipage.*		
29. — *Les règles particulières à l'engagement et aux loyers des matelots et gens de l'équipage sont contenues dans les articles 250 et suivants du Code de commerce et les lois spéciales.*		
CHAPITRE III. — DU LOUAGE D'INDUSTRIE OU MARCHÉ D'OUVRAGE.		
30. — *Les règles particulières au louage d'industrie ou marché d'ouvrage sont contenues dans les articles 1787 et suivants du Code civil.*		Les expressions louage d'industrie ou marché d'ouvrage ont semblé rendre un compte plus exact du contrat ici prévu que celle de devis et marchés.

TEXTE CODIFIÉ.	LOIS EN VIGUEUR.	OBSERVATIONS.

CHAPITRE IV. — DU MARCHANDAGE.

31. — L'exploitation des ouvriers par des sous-entrepreneurs ou marchandage est *interdite*.

Les associations d'ouvriers qui n'ont point pour objet l'exploitation des ouvriers les uns par les autres ne sont point considérées comme marchandage.

> Décret du 2 mars 1848, art. 2 : L'exploitation des ouvriers par des sous-entrepreneurs ou marchandage est abolie.
>
> Il est bien entendu que les associations d'ouvriers qui n'ont pas pour objet l'exploitation des ouvriers les uns par les autres ne sont point considérées comme marchandage.

CHAPITRE V. — DES CONVENTIONS COLLECTIVES.

Aucune loi votée.

CHAPITRE VI. — DES CONDITIONS DU TRAVAIL DANS LES MARCHÉS DE TRAVAUX ET DE FOURNITURES PASSÉS PAR L'ÉTAT, LES DÉPARTEMENTS, LES COMMUNES ET LES ÉTABLISSEMENTS PUBLICS.

Aucune loi votée.

TITRE III. — Du salaire.

CHAPITRE Ier. — DE LA DÉTERMINATION DU SALAIRE.
SECTION I. — *Règles générales.*

Aucune loi votée.

SECTION II. — *Des moyens de constater les conventions relatives aux salaires en matière de tissage, de bobinage, de coupe du velours de coton, de teinture, blanchiment et apprêt des étoffes.*

§§ Ier. — Tissage et bobinage.

32. — Tout fabricant, commissionnaire ou intermédiaire qui livre des fils pour être tissés, est tenu d'inscrire, au moment de la livraison, sur un livret spécial, appartenant à l'ouvrier et laissé entre ses mains :

1° Le poids et la longueur de la chaîne;

2° Le poids de la trame et le nombre de fils de trame à introduire par unité de surface de tissu;

3° La longueur et la largeur de la pièce à fabriquer;

4° Le prix de façon, soit au mètre de tissu fabriqué, soit au mètre de longueur ou au kilogramme de la trame introduite dans le tissu.

> Loi du 7 mars 1850 sur les moyens de constater les conventions entre patrons et ouvriers en matière de tissage et de bobinage, article 1er.

TEXTE CODIFIÉ.	LOIS EN VIGUEUR.	OBSERVATIONS.
33. — Tout fabricant, commissionnaire ou intermédiaire qui livre des fils pour être bobinés, est tenu d'inscrire, sur un livret spécial, appartenant à l'ouvrier et laissé entre ses mains : 1° Le poids brut et le poids net de la matière à travailler ; 2° Le numéro du fil ; 3° Le prix de façon, soit au kilogramme de matière travaillée, soit au mètre de longueur de cette même matière.	Loi du 7 mars 1850, article 2.	
34. — Le prix de façon sera indiqué en monnaie légale, sur le livret, par le fabricant, commissionnaire ou intermédiaire. Toute convention contraire sera mentionnée, par lui, sur le livret.	Loi du 7 mars 1850, article 3.	
35. — L'ouvrage exécuté sera remis au fabricant, commissionnaire ou intermédiaire, de qui l'ouvrier a directement reçu la matière première. Le compte de façon sera arrêté au moment de cette remise. Toute convention contraire aux deux paragraphes précédents sera mentionnée sur le livret par le fabricant, commissionnaire ou intermédiaire.	Loi du 7 mars 1850, article 4.	
36. — Le fabricant, commissionnaire ou intermédiaire inscrira sur un registre d'ordre toutes les mentions portées au livret spécial de l'ouvrier.	Loi du 7 mars 1850, article 5.	
37. — Le fabricant, commissionnaire ou intermédiaire tiendra constamment exposés aux regards dans le lieu où se règlent habituellement les comptes entre lui et l'ouvrier : 1° Les instruments nécessaires à la vérification des poids et mesures ; 2° Un exemplaire des dispositions *des articles 32 à 38, 93 et 94 du présent livre* en forme de placard.	Loi du 7 mars 1850, article 6.	
38. — A l'égard des industries spéciales auxquelles serait inapplicable la fixation du prix de façon, soit au mètre de tissu fabriqué, soit au mètre de longueur de la trame introduite dans le tissu, ou bien soit au kilogramme de matière travaillée, soit au mètre de longueur de cette même matière, le pouvoir exécutif peut déterminer un autre mode, par des arrêtés en forme de règlements d'administration publique, après avoir pris l'avis des Chambres de commerce, des Chambres consultatives et des Conseils de prud'hommes, et, à leur défaut, des Conseils de préfecture. Il peut, pareillement, par des arrêtés rendus en la même forme, étendre les dispositions de la	Loi du 7 mars 1850, article 7.	

TEXTE CODIFIÉ.	LOIS EN VIGUEUR.	OBSERVATIONS.

présente section et des articles 93 et 94 aux industries qui se rattachent au tissage et au bobinage.

En l'un et l'autre cas, ces arrêtés seront soumis à *la sanction législative* dans les trois ans qui suivront leur promulgation.

	En l'un et l'autre cas, ces arrêtés seront soumis à l'approbation de l'Assemblée législative dans les trois ans qui suivront leur promulgation.

§ II. — *Coupe du velours de coton, teinture, blanchiment et apprêt des étoffes.*

39. — Tout fabricant, commissionnaire ou intermédiaire qui livre à un ouvrier une pièce de velours de coton pour être coupée, est tenu d'inscrire, au moment de la livraison, sur un livre spécial appartenant à l'ouvrier, et laissé entre ses mains : 1° Les longueurs, largeur et poids de la pièce à couper ; 2° Le prix de façon, au mètre de longueur.	Loi du 21 juillet 1856 qui étend à la coupe du velours de coton, ainsi qu'à la teinture, au blanchiment et à l'apprêt des étoffes, les dispositions de la loi du 7 mars 1850 concernant le tissage et le bobinage, article 1er.,
40. — Tout fabricant, commissionnaire ou intermédiaire qui livre à un ouvrier une pièce d'étoffe pour être teinte, blanchie ou apprêtée, est tenu d'inscrire, au moment de la livraison, sur un livre spécial appartenant à l'ouvrier et laissé entre ses mains : 1° Les longueur, largeur et poids de la pièce à teindre, blanchir ou apprêter ; 2° Le prix de façon, soit au mètre de longueur de la pièce, soit au kilogramme de son poids.	Loi du 21 juillet 1856, article 2.
41. — Les articles 34, 35, 36, 37, 93 et 94 du présent livre sont applicables à la coupe du velours de coton ainsi qu'à la teinture au blanchiment et à l'apprêt des étoffes.	Loi du 21 juillet 1856, article 3. Les articles 3, 4, 5, 6, 8 et 9 de la loi du 7 mars 1850 sont applicables à la coupe du velours de coton, ainsi qu'à la teinture, au blanchiment et à l'apprêt des étoffes.

CHAPITRE II. — DE LA PARTICIPATION AUX BÉNÉFICES.

Aucune loi votée.

CHAPITRE III. — DU PAYEMENT DES SALAIRES.

SECTION I. — *Du mode de payement des salaires.*

Aucune loi votée

SECTION II. — *Des priviléges et garanties de la créance de salaire.*

42. — Les sommes dues aux entrepreneurs de tous les travaux ayant le caractère de travaux publics, ne peuvent être frappées de saisie arrêt ni d'opposition au préjudice soit des ouvriers auxquels des salaires sont dus, **soit des fournisseurs**	Loi du 25 juillet 1891. Les dispositions du décret du 26 pluviôse an 11 sont étendues à tous les travaux ayant le caractère de travaux publics.

TEXTE CODIFIÉ.	LOIS EN VIGUEUR.	OBSERVATIONS.
qui sont créanciers à raison de fournitures de matériaux et d'autres objets servant à la construction des ouvrages. Les sommes dues aux ouvriers pour salaires sont payées de préférence à celles dues aux fournisseurs.	En conséquence les sommes dues aux entrepreneurs de ces travaux ne pourront...	

43. — *La créance de salaire des gens de service des ouvriers et commis est privilégiée sur les meubles et immeubles du débiteur, dans les conditions prévues:*

1° Pour les gens de service par l'article 2101, 4° du Code civil;

2° Pour les ouvriers et commis par l'article 549 du Code de commerce.

Peuvent en outre, faire valoir une action directe ou des privilèges spéciaux:

1° Les maçons, charpentiers et autres ouvriers employés pour édifier, reconstruire ou réparer des bâtiments, canaux ou autres ouvrages quelconques dans les conditions prévues par l'article 1798 du Code civil.

2° Les ouvriers qui ont travaillé soit à la récolte, soit à la fabrication ou à la réparation des ustensiles agricoles, soit à la conservation de la chose dans les conditions prévues par l'article 2102 1° et 3° du Code civil).

3° Les matelots et gens de l'équipage dans les conditions prévues par les articles 191 et suivants 271 et 272 du Code de commerce.

4° Les ouvriers employés à la construction, à la réparation, à l'armement et à l'équipement du navire, dans les conditions prévues par l'article 191 du Code de commerce.

44. — *L'ouvrier détenteur de l'objet par lui ouvré peut exercer le droit de rétention dans les conditions prévues par l'article 570 du Code civil.*

Les objets mobiliers confiés à un ouvrier pour être travaillés, façonnés, réparés ou nettoyés et qui n'auront pas été retirés dans le délai de deux ans pourront être vendus dans les conditions et formes déterminées par la loi du 31 décembre 1903.

SECTION III. — *De la prescription de l'action en payement du salaire.*

45. — *La prescription de l'action en payement du salaire est réglée par les articles 2271, 2272, 2274 et 2275 du Code civil, et 433 du Code de commerce.*

TEXTE CODIFIÉ.	LOIS EN VIGUEUR.	OBSERVATIONS.

CHAPITRE IV. — DES RETENUES SUR LE SALAIRE.
SECTION I. *Règles générales.*

46. Aucune compensation ne s'opère au profit des patrons entre le montant des salaires dus par eux à leurs ouvriers et les sommes qui leur seraient dues à eux-mêmes pour fournitures diverses, qu'elle qu'en soit la nature, à l'exception toutefois : 1° Des outils ou instruments nécessaires au travail ; 2° Des matières ou matériaux dont l'ouvrier a la charge et l'usage ; 3° Des sommes avancées pour l'acquisition de ces mêmes objets.	Loi du 12 janvier 1895, art. 4.	
47. — Tout patron qui fait une avance en espèces en dehors du cas prévu par le paragraphe 3 de *l'article précédent* ne peut se rembourser qu'au moyen de retenues successives ne dépassant pas le dixième du montant des salaires exigibles. La retenue opérée de ce chef ne se confond ni avec la partie saisissable ni avec la partie cessible déterminée à *l'article 58.* Les acomptes sur un travail en cours ne sont pas considérés comme avances. *Les appointements visés à l'article 57 du présent livre sont, pour l'application des règles contenues dans le présent article et dans l'article 46, assimilés aux salaires des ouvriers.*	Loi du 12 janvier 1895, article 5.	Les mots «ou appointements» ont été supprimés au premier paragraphe de l'article 47 et un nouveau paragraphe a été introduit dans le même texte afin de trancher deux questions qui peuvent actuellement s'élever sur la portée des articles 4 et 5 de la loi du 12 janvier 1895 : 1° L'article 4 est-il applicable aux appointements ne dépassant pas 2,000 francs visés à l'article 1 de la loi de 1895 ? 2° Les articles 4 et 5 ne sont-ils applicables qu'à ces appointements ou à tous les appointements ou traitements quel que soit leur montant ? La répartition des textes de la loi de 1895 entre deux chapitres différents nous obligeait à prendre parti sur ces deux questions.

SECTION II. — *Du règlement des malfaçons.*

Aucune loi votée.

SECTION III. — *Des règlements de comptes entre les maîtres d'ateliers et les négociants.*

48. — Tous les chefs d'ateliers sont tenus de se pourvoir au Conseil de prud'hommes d'un double livre d'acquit pour chacun des métiers qu'ils font travailler dans la huitaine du jour ou chacun de ces métiers commence à travailler. Sur ce livre d'acquit paraphé et numéroté et qui ne peut leur être refusé, lors même qu'ils n'ont qu'un métier, sont inscrits les nom, prénoms et domicile du chef d'atelier.	Loi du 18 mars 1806 portant établissement d'un conseil de prud'hommes à Lyon. ART 20. Tous les chefs d'atelier actuellement établis, ainsi que ceux qui s'établiront à l'avenir, seront tenus de se pourvoir, au conseil de prud'hommes, d'un double livre d'acquit pour chacun des métiers qu'ils feront travailler, dans la quinzaine à dater du jour de la publication pour ceux qui travaillent, et dans la huitaine du jour où commenceront à travailler ceux qu'ils monteront à neuf. — Sur ce livre d'ac-	La Commission de codification estime que, malgré la rédaction restrictive de l'article 1 de la loi du 2 juillet 1890 les dispositions de la loi de 1806 sont applicables partout où un conseil de prud'hommes a été institué.

TEXTE CODIFIÉ.	LOIS EN VIGUEUR.	OBSERVATIONS.
	quit, paraphé et numéroté, et qui ne pourra leur être refusé, lorsmême qu'ils n'auraient qu'un métier, seront inscrits les nom, prénoms et domicile du chef d'atelier.	
49. — Il est tenu au Conseil de prud'hommes, un registre sur lequel lesdits livres d'acquits sont inscrits; le chef d'atelier signe s'il le sait, sur le registre et sur le livre d'acquit qui lui est délivré.	Loi du 18 mars 1806, article 21.	
50. — Le chef d'atelier déposera le livre d'acquit du métier qu'il destine au négociant-manufacturier, entre ses mains, et peut, s'il le désire, en exiger un récépissé.	Loi du 18 mars 1806, article 22.	
51. — Lorsqu'un chef d'atelier cesse de travailler pour un négociant, il est tenu de faire noter sur le livre d'acquit, par ledit négociant, que le chef d'atelier a soldé son compte, ou, dans le cas contraire la déclaration du négociant spécifiera la dette dudit chef d'atelier.	Loi du 18 mars 1806, article 23.	
52. — Le négociant possesseur du livre d'acquit le fera viser aux autres négociants occupant des métiers dans le même atelier, qui énonceront la somme due par le chef d'atelier, dans le cas où il est leur débiteur.	Loi du 18 mars 1806, article 24.	
53. — Lorsque le chef d'atelier reste débiteur du négociant-manufacturier pour lequel il a cessé de travailler, celui qui veut lui donner de l'ouvrage fera la promesse de retenir la huitième partie du prix des façons dudit ouvrage, en faveur du négociant dont la créance est la plus ancienne sur ledit registre, et ainsi successivement dans le cas où le chef d'atelier a cessé de travailler pour ledit négociant, du consentement de ce dernier ou pour cause légitime : dans le cas contraire, le négociant-manufacturier qui veut occuper le chef d'atelier, est tenu de solder celui qui est resté créancier en compte de matières, nonobstant toute dette antérieure, et le compte d'argent jusqu'à cinq cents francs.	Loi du 18 mars 1806, article 25.	
54. — La date des dettes que les chefs d'atelier ont contractées avec les négociants qui les a occupés, est regardée comme certaine vis-à-vis des négociants et maîtres d'atelier seulement, et, à l'effet des dispositions portées à *la présente section* après l'apurement des comptes, l'inscription de la déclaration sur le livre d'acquit et le visa du bureau des prud'hommes,	Loi du 18 mars 1806, article 26.	

TEXTE CODIFIÉ.	LOIS EN VIGUEUR.	OBSERVATIONS.
55. Lorsqu'un négociant-manufacturier a donné de l'ouvrage à un chef d'atelier dépourvu de livre d'acquit pour le métier que le négociant veut occuper, il sera condamné à payer comptant tout ce que ledit chef d'atelier pourrait devoir en compte de matières, et en compte d'argent jusqu'à cinq cents francs.	Loi du 18 mars 1806, article 27.	
56. Les déclarations ci-dessus prescrites seront portées par le négociant-manufacturier, sur le livre d'acquit resté entre les mains du chef d'atelier, comme sur le sien.	Loi du 18 mars 1806, article 28.	

CHAPITRE V.

Section I. — *De la saisie-arrêt et de la cession des salaires et petits traitements.*

§ I. — Limitation de la saisie-arrêt et de la cession.

TEXTE CODIFIÉ.	LOIS EN VIGUEUR.	OBSERVATIONS.
57. Les salaires des ouvriers et gens de service ne sont saisissables que jusqu'à concurrence du dixième, quel que soit le montant de ces salaires. Les appointements ou traitements des employés ou commis et des fonctionnaires ne sont également saisissables que jusqu'à concurrence du dixième lorsqu'ils ne dépassent pas 2,000 francs par an.	Loi du 12 janvier 1895 relative à la saisie-arrêt sur les salaires et petits traitements des ouvriers ou employés, article 1.	Il eût été à certains égards intéressant de rapprocher des dispositions de la loi de 1895, la prescription de l'article 592, 6° du Code de Procédure civile qui déclare insaisissables les outils des artisans nécessaires à leurs occupations personnelles. Mais cette prescription n'a pas paru pouvoir être rattachée au contrat de travail.
58. Les salaires, appointements et traitements visés par *l'article 57* ne peuvent être cédés que jusqu'à concurrence d'un autre dixième.	Loi du 12 janvier 1895, article 2.	
59. Les cessions et saisies faites pour le payement des dettes alimentaires prévues par les articles 203, 205, 206, 207, 214 et 349 du Code civil ne sont pas soumises aux restrictions qui précèdent.	Loi du 12 janvier 1895, article 3.	

§ II. — Procédure de la saisie-arrêt.

TEXTE CODIFIÉ.	LOIS EN VIGUEUR.	OBSERVATIONS.
60. La saisie-arrêt sur les salaires et les appointements ou traitements ne dépassant pas annuellement 2,000 francs dont il s'agit à l'article 57 ne peut être pratiquée, s'il y a titre, que sur le visa du greffier de la justice de paix du domicile du débiteur saisi. S'il n'y a point de titre, la saisie-arrêt ne peut	Loi du 12 janvier 1895, article 6.	

TEXTE CODIFIÉ.	LOIS EN VIGUEUR.	OBSERVATIONS.
être pratiquée qu'en vertu de l'autorisation du juge de paix du domicile du débiteur saisi. Toutefois avant d'accorder l'autorisation le juge de paix peut, si les parties n'ont déjà été appelées en conciliation convoquer devant lui par simple avertissement le créancier et le débiteur; s'il intervient un arrangement, il en sera tenu note par le greffier sur un registre spécial exigé par l'article 68 du présent livre. L'exploit de saisie-arrêt contiendra en tête l'extrait du titre, s'il y en a un, ainsi que la copie du visa, et à défaut de titre, copie de l'autorisation du juge. L'exploit sera signifié au tiers saisi ou à son représentant préposé au payement des salaires ou traitements, dans le lieu où travaille le débiteur saisi.		
61. L'autorisation accordée par le juge évaluera ou énoncera la somme pour laquelle la saisie-arrêt sera formée. Le débiteur peut toucher du tiers saisi la portion non saisissable de ses salaires, gages ou appointements. Une seule saisie-arrêt doit être autorisée par le juge. S'il survient d'autres créanciers, leur déclaration signée et déclarée sincère par eux et contenant toutes les pièces de nature à mettre le juge à même de faire l'évaluation de la créance, sera inscrite par le greffier sur le registre exigé par l'article 68. Le greffier se bornera à en donner avis dans les quarante-huit heures au débiteur saisi et au tiers saisi, par lettre recommandée qui vaudra opposition.	Loi du 12 janvier 1895, article 7.	
62. L'huissier saisissant est tenu de faire parvenir au juge de paix, dans le délai de huit jours à dater de la saisie, l'original de l'exploit, sous peine d'une amende de 10 francs, qui sera prononcée par le juge de paix en audience publique.	Loi du 12 janvier 1895, article 8.	
63. Tout créancier saisissant, le débiteur et le tiers saisi peuvent requérir la convocation des intéressés devant le juge de paix du débiteur saisi par une déclaration consignée sur le registre spécial prévu en l'article 68. Dans les quarante-huit heures de cette réquisition, le greffier adressera : 1° au saisi; 2° au tiers saisi ; 3° à tous autres créanciers opposants, un avertissement recommandé à comparaître devant le juge de paix à l'audience que celui-ci aura fixée.	Loi du 12 janvier 1895, article 9.	

TEXTE CODIFIÉ.	LOIS EN VIGUEUR.	OBSERVATIONS.
A cette audience ou à toute autre fixée par lui, le juge de paix, prononçant sans appel dans la limite de sa compétence et à charge d'appel à quelque valeur que la demande puisse s'élever, statuera sur la validité, la nullité ou la mainlevée de la saisie, ainsi que sur la déclaration affirmative que le tiers saisi sera tenu de faire audience tenante. Le tiers saisi qui ne comparaîtra pas, ou qui ne fera pas sa déclaration ainsi qu'il est dit ci-dessus, sera déclaré débiteur pur et simple des retenues non opérées et condamné aux frais par lui occasionnés.		
64. Si le jugement est rendu par défaut, avis de ses dispositions sera transmis par le greffier à la partie défaillante, par lettre recommandée, dans les cinq jours du prononcé. L'opposition qui ne sera recevable que dans les huit jours de la date de la lettre, consistera dans une déclaration à faire au greffe de la justice de paix, sur le registre prescrit par l'article 68. Toutes parties intéressées seront prévenues, par lettre recommandée du greffier, pour la plus prochaine audience utile. Le jugement qui interviendra sera réputé contradictoire. L'appel relevé contre le jugement contradictoire sera formé dans les dix jours du prononcé du jugement, et, dans le cas où il aurait été rendu par défaut, du jour de l'expiration des délais d'opposition, sans que, dans le cas du jugement contradictoire, il soit besoin de le signifier.	Loi du 12 janvier 1895, article 10.	
65. — Après l'expiration des délais de recours, le juge de paix peut surseoir à la convocation des parties intéressées tant que la somme à distribuer n'atteint pas, d'après la déclaration du tiers saisi, et déduction faite des frais à prélever et des créances privilégiées, un chiffre suffisant pour distribuer aux créanciers connus un dividende de 20 p. 100 au moins. S'il y a somme suffisante, et si les parties ne se sont pas amiablement entendues pour la répartition, le juge procédera à la distribution entre les ayants droit. Il établira son état de répartition sur le registre prescrit par l'article 68. Une copie de cet état signée du juge et du greffier indiquant le montant des frais à prélever, le montant des créances privilégiées, s'il en existe et le montant des sommes attribuées dans la répartition à chaque ayant droit, sera transmise par le greffier, par lettre recommandée au débiteur saisi et à chaque créancier colloqué.	Loi du 12 janvier 1895, article 11.	

TEXTE CODIFIÉ.	LOIS EN VIGUEUR.	OBSERVATIONS.
Ces derniers ont une action directe contre le tiers saisi en payement de leur collocation. Les ayants droits aux frais et aux collocations utiles donneront quittance en marge de l'état de répartition remis au tiers saisi, qui se trouvera libéré d'autant.		
66. — Les effets de la saisie-arrêt et les oppositions consignées par le greffier sur le registre spécial subsisteront jusqu'à complète libération du débiteur.	Loi du 12 janvier 1875, article 12.	
67. — Les frais de saisie arrêt et de distribution sont à la charge du débiteur saisi. Ils seront prélevés sur la somme à distribuer. Tous frais de contestation jugés mal fondée seront mis à la charge de la partie qui aura succombé.	Loi du 12 janvier 1895, article 13.	
68. — Pour l'exécution *des dispositions de la présente section*, il sera tenu au greffe de chaque justice de paix un registre sur papier non timbré qui sera coté et parafé par le juge de paix et sur lequel seront inscrits : 1° Les visas ou ordonnances autorisant la saisie arrêt; 2° Le dépôt de l'exploit; 3° La réquisition de la convocation des parties; 4° Les arrangements intervenus; 5° Les interventions des autres créanciers; 6° La déclaration faite par le tiers saisi; 7° La mention des avertissements aux lettres recommandées transmises aux parties; 8° Les décisions du juge de paix; 9° La répartition établie entre les ayants droit.	Loi du 12 janvier 1895, article 14.	
69. — Tous les exploits, autorisations, jugements, décisions, procès-verbaux et états de répartition qui pourront intervenir en exécution *des dispositions de la présente section* seront rédigés sur papier non timbré et enregistrés gratis. Les avertissements et lettres recommandées et les copies d'états de répartition sont exempts de tout droit de timbre et d'enregistrement.	Loi du 12 janvier 1895, article 15.	

TEXTE CODIFIÉ.	LOIS EN VIGUEUR.	OBSERVATIONS.
70. — Un décret détermine les émoluments à allouer aux greffiers pour l'envoi des lettres recommandées et pour dresse de tous extraits et copies d'états de répartition.	Loi du 12 janvier 1895, article 16.	

Section II. — *Règles particulières aux salaire des marins.*

71. — *Les salaires des marins sont incessibles et insaisissables sauf les exceptions prévues par la législation spéciale en vigueur.*	Ordonnance du 1er novembre 1745. Ordonnance du 14 juillet 1816, art. 37. Décret du 4 mars 1852, etc.	

TITRE IV. — Du placement des travailleurs.

CHAPITRE Ier. — DISPOSITIONS GÉNÉRALES.

72. — L'autorité municipale surveille les bureaux de placement pour y assurer le maintien de l'ordre, les prescriptions de l'hygiène et la loyauté de la gestion. Elle prend les arrêtés nécessaires à cet effet.	Loi du 14 mars 1904, article 7.	
73. Les pouvoirs conférés par le *présent titre* à l'autorité municipale seront exercés par le Préfet de police pour Paris et le ressort de sa préfecture et par le Préfet du Rhône pour Lyon et les autres communes dans lesquelles il remplit les fonctions qui lui sont attribuées par la loi du 24 juin 1851.	Loi du 14 mars 1904, article 10. Décret du 25 mars 1852, article 6.	
74. — Aucun hôtelier logeur, restaurateur ou débitant de boissons ne peut joindre à son établissement la tenue d'un bureau de placement.	Loi du 14 mars 1904, article 8.	
75. — Les bureaux de nourrice ne sont pas soumis aux prescriptions *du présent titre.* Les bureaux de nourrice restent soumis aux dispositions de la loi du 23 décembre 1874 relative à la protection des enfants du premier âge.	Loi du 14 mars 1904, articles 12, § 2.	

TEXTE CODIFIÉ.	LOIS EN VIGUEUR.	OBSERVATIONS.

CHAPITRE II. — Du placement gratuit.

76. — Les bureaux de placement gratuits créés par les municipalités, par les syndicats professionnels ouvriers, patronaux ou mixtes, les bourses du travail, les compagnonnages, les sociétés de secours mutuels et toutes autres associations légalement constituées, ne sont soumis à aucune autorisation.

Loi du 14 mars 1904, article 2.

77. — Les bureaux de placement énumérés à l'article précédent, sauf ceux qui sont créés par les municipalités, sont astreints au dépôt d'une déclaration préalable effectuée à la mairie de la commune où ils sont établis. La déclaration devra être renouvelée à tout changement de local du bureau.

Loi du 14 mars 1904, article 3.

78. — Dans chaque commune, un registre constatant les offres et demandes de travail et d'emplois devra être ouvert à la mairie et mis gratuitement à la disposition du public. A ce registre sera joint un répertoire où seront classées les notices individuelles que les demandeurs de travail pourront librement joindre à leur demande. Les communes comptant plus de 10,000 habitants seront tenues de créer un bureau municipal.

Loi du 14 mars 1904, article 4.

79. — Sont exemptées du droit de timbre les affiches, imprimées ou non, concernant exclusivement les offres et demandes de travail et d'emplois et apposées par les bureaux de placements gratuits énumérés dans l'article 76.

Loi du 14 mars 1904, article 5.

80. — *Il est interdit* à tout gérant ou employé de bureau de placement gratuit *de percevoir* une rétribution quelconque à l'occasion du placement d'un ouvrier ou employé.

Loi du 14 mars 1904, article 6.

CHAPITRE III. — Des bureaux de placement payants.

Section I. — *De l'autorisation des bureaux.*

81. — Nul ne peut tenir un bureau de placement, sous quelque titre et pour quelques professions, places ou emplois que ce soit, sans une permission spéciale délivrée par l'autorité municipale, et qui ne peut être accordée qu'à des personnes d'une moralité reconnue.

Décret du 25 mars 1852 sur les bureaux de placement, art. 1er § 1.

TEXTE CODIFIÉ.	LOIS EN VIGUEUR.	OBSERVATIONS.
82. — La demande à fin de permission doit contenir les conditions auxquelles le requérant se propose d'exercer son industrie. Il est tenu de se conformer à ces conditions et aux dispositions réglementaires qui seraient prises en vertu de l'article 72 et de l'article 83 du présent titre.	Décret du 25 mars 1852, article 2.	
83. — *L'autorité municipale règle le tarif des droits qui peuvent être perçus par le gérant.*	Décret du 25 mars 1852, article 3, § 2.	Art. 4 réservé pour le titre : Pénalités.
84. — Les frais de placement touchés dans les bureaux maintenus à titre payant sont entièrement supportés par les employeurs sans qu'aucune rétribution puisse être reçue des employés.	Article 11, § 6 de la loi du 14 mars 1904.	
85. — L'autorité municipale peut retirer la permission : 1° Aux individus qui auraient encouru ou viendraient à encourir une des condamnations prévues par l'article 15, paragraphes 1er, 3, 4, 5, 6, 14 et 15, et par l'article 16 du décret du 2 février 1852; 2° A ceux qui seraient condamnés à l'emprisonnement pour contravention aux dispositions du présent titre ou aux arrêtés pris en vertu des articles 72 et 83.	Décret du 25 mars 1852, article 5.	
86. — Les retraits de permission et les règlements émanés de l'autorité municipale, en vertu des articles 83 et 85, ne sont exécutoires qu'après l'approbation du préfet.	Décret du 25 mars 1852, article 7.	

SECTION II. — *De la suppression des bureaux.*

TEXTE CODIFIÉ.	LOIS EN VIGUEUR.	OBSERVATIONS.
87. — Un arrêté pris à la suite d'une délibération du conseil municipal peut rapporter les autorisations données *en vertu de la section précédente.*	Loi du 14 mars 1904, article 11, § 1.	
Le bureau devenu vacant par le décès du titulaire, ou pour toute autre cause, avant l'arrêté de suppression pourra être transmis ou cédé.	Loi du 14 mars 1904, article 1, § 3.	
88. — Les bureaux faisant le placement pour une même profession déterminée devront être supprimés tous à la fois par un même arrêté municipal.	Loi du 14 mars 1904, article 11, § 3.	

TEXTE CODIFIÉ.	LOIS EN VIGUEUR.	OBSERVATIONS.
89. — *Les bureaux* créés en vertu d'une autorisation postérieure au 17 mars 1904 n'ont droit, en cas de suppression, à aucune indemnité.	Loi du 14 mars 1904, article 1, § 2.	
90. — Les bureaux *autorisés au 17 mars 1904* ne peuvent être supprimés *que* moyennant une juste indemnité représentant le prix de vente de l'office, *indemnité* qui, à défaut d'entente, sera fixée par le Conseil de préfecture.	Loi du 14 mars 1904, articles 1, § 1 et 11, § 1.	
Les indemnités dues aux bureaux de placement payants supprimés *dans les cinq années qui* suivront le 17 mars 1904 seront fixées d'après l'état de ces bureaux à *la date précitée.*	Loi du 14 mars 1904, article 11, § 2.	
En cas de décès du titulaire avant l'arrêté de suppression l'indemnité sera due aux ayants droits et leur sera payée lorsque l'arrêté aura été pris.	Loi du 14 mars 1904, article 11, § 5.	Le second paragraphe de l'article 90 devra être supprimé au 17 mars 1909.
Les indemnités aux tenanciers des bureaux de placement seront à la charge des communes seules.	Loi du 14 mars 1904, article 11, § 4.	
91. — *Les dispositions de la présente section et des articles 74 et 84 ne sont pas applicables* aux agences lyriques, agences pour cirques et music-halls.	Loi du 14 mars 1904, article 12, § 3.	La commission a dû inscrire dans son texte une exception qui résulte de la loi de 1904. Mais elle exprime le vœu que cette exception disparaisse et que les agences théâtrales, lyriques, etc. qui font du placement soient soumises à toutes les dispositions de la législation générale sur le Placement.

TITRE V. — Des pénalités.

TEXTE CODIFIÉ.	LOIS	OBSERVATIONS.
92. — Toute contravention aux articles 4, 5, 6 et 9 *du présent livre* sera poursuivie devant le tribunal de police et punie d'une amende de 5 à 15 francs. Pour les contraventions aux articles 4, 5 et 9 du présent livre, le tribunal de police pourra, dans le cas de récidive, prononcer, outre l'amende, un emprisonnement d'un à cinq jours. En cas de récidive, la contravention à l'article 6 sera poursuivie devant les tribunaux correctionnels et punie d'un emprisonnement de quinze jours à trois mois, sans préjudice d'une amende qui pourra s'élever de 50 francs à 300 francs,	Loi du 22 février 1851, art. 20.	

TEXTE CODIFIÉ.	LOIS EN VIGUEUR.	OBSERVATIONS.
93. — Seront punies d'une amende de 11 à 15 francs : 1° Les contraventions aux articles 32, 33, 34, 36, 37, 39, 40 et 41 du présent livre; 2° Les contraventions à la disposition finale de l'article 35 et aux arrêtés pris en exécution de l'article 38. Il sera prononcé autant d'amendes qu'il aura été commis de contraventions distinctes.	Loi du 7 mars 1850. (Tissage et bobinage), art. 8.	
94. — Si dans les douze mois qui ont précédé la contravention, le contrevenant a encouru une condamnation par application de l'article précédent, le tribunal peut ordonner l'insertion du nouveau jugement dans un journal de la localité, aux frais du condamné.	Loi du 7 mars 1850, article 9.	
95. — Toute infraction soit aux règlements faits en vertu des articles 72 et 83, soit aux prescriptions des articles 74, 80, 81, 82, § 2, 84 sera punie d'une amende de 16 à 100 francs et d'un emprisonnement de six jours à un mois ou de l'une de ces peines seulement. Le maximum des deux peines sera toujours appliqué au délinquant lorsqu'il aura été prononcé contre lui dans les douze mois précédents une première condamnation pour infraction aux articles 74, 80, 81, 82, § 2, 84 et aux règlements pris en vertu de l'article 83. Tout tenancier, gérant, employé d'un bureau clandestin sera puni des peines portées au présent article. Ces peines sont indépendantes des restitutions et des dommages-intérêts auxquels pourront donner lieu les faits incriminés.	Articles 6, 9, § 1, 2, 3 et 11, § 6 de la loi du 14 mars 1904, article 4 du décret du 25 mars 1852.	Nous avons essayé d'unifier dans le texte de l'article § 5 les pénalités prévues par le décret et celles prononcées par la loi nouvelle. Il a fallu pour cela modifier, sur plusieurs points, l'état de droit existant. Le texte de l'article 95 consacrerait notamment les innovations suivantes : 1° Les pénalités plus fortes prévues par la loi nouvelle sanctionneraient désormais les règles posées par l'article 1, l'article 2, § 2 du décret du 25 mars 1852 ainsi que les arrêtés par lesquels l'autorité municipale règle les droits qui peuvent être perçus par les gérants des bureaux de placement payants; 2° Par contre, les pénalités plus fortes prévues, au cas de récidive, par l'article 4, § 2 du décret du 25 mars 1852 ne devraient plus nécessairement être appliquées au délinquant lorsque la première condamnation aurait été prononcée pour infraction aux arrêtés municipaux destinés à assurer le maintien de l'ordre et la loyauté de la gestion des bureaux de placement. 3° Les règles spéciales édictées pour le cas de récidive se trouveraient applicables au cas où la première condamnation aurait été prononcée pour infraction à
96. — Toute exploitation de l'ouvrier par voie de marchandage sera punie d'une amende de 50 à 100 francs pour la première fois; de 100 à 200 francs en cas de récidive, et, s'il y avait	Arrêté du 2 mars 1848.	

TEXTE CODIFIÉ.	LOIS EN VIGUEUR.	OBSERVATIONS.
double récidive, d'un emprisonnement qui pourrait aller de un à six mois. Le produit des amendes sera destiné à secourir les invalides du travail.		l'article 84 (art. 11, § 6 de la loi du 14 mars 1904). Cette solution ne résultait pas nécessairement du texte de la loi nouvelle.
96. — L'article 463 du Code pénal est applicable aux infractions prévues aux articles 92 et 95. La loi du 26 mars 1891 est applicable aux infractions prévues à l'article 95.	Loi du 22 février 1851, article 21. Décret du 25 mars 1852, article 4, § 3. Loi du 14 mars 1904, article 9, § 4.	

DISPOSITIONS TRANSITOIRES.

97. — Restent respectivement en vigueur, en Algérie et aux colonies, les lois qui y sont actuellement applicables. Des décrets rendus sur la proposition du Ministre du Commerce et des Ministres compétents peuvent déterminer les conditions d'application en Algérie et aux colonies des dispositions du présent livre.	Article 13 de la loi du 14 mars 1904. Article 18 de la loi du 12 janvier 1895 sur la saisie-arrêt des salaires.	
98. — Sont abrogés : L'article 15 de la loi du 22 germinal an X; Les articles 20 à 28 de la loi du 18 mars 1806; Le décret du 2 mars 1848; L'arrêté du 21 mars 1848; La loi du 7 mars 1850; La loi du 22 février 1851 sauf l'article 9; Le décret du 25 mars 1852; La loi du 21 juillet 1856; La loi du 2 juillet 1890; La loi du 25 juillet 1891; La loi du 12 janvier 1895 sauf l'article 18; La loi du 18 juillet 1901. La loi du 14 mars 1904 sauf l'article 13.		
et généralement toutes les lois qui ont été abrogées par celles énumérées dans le présent article.		

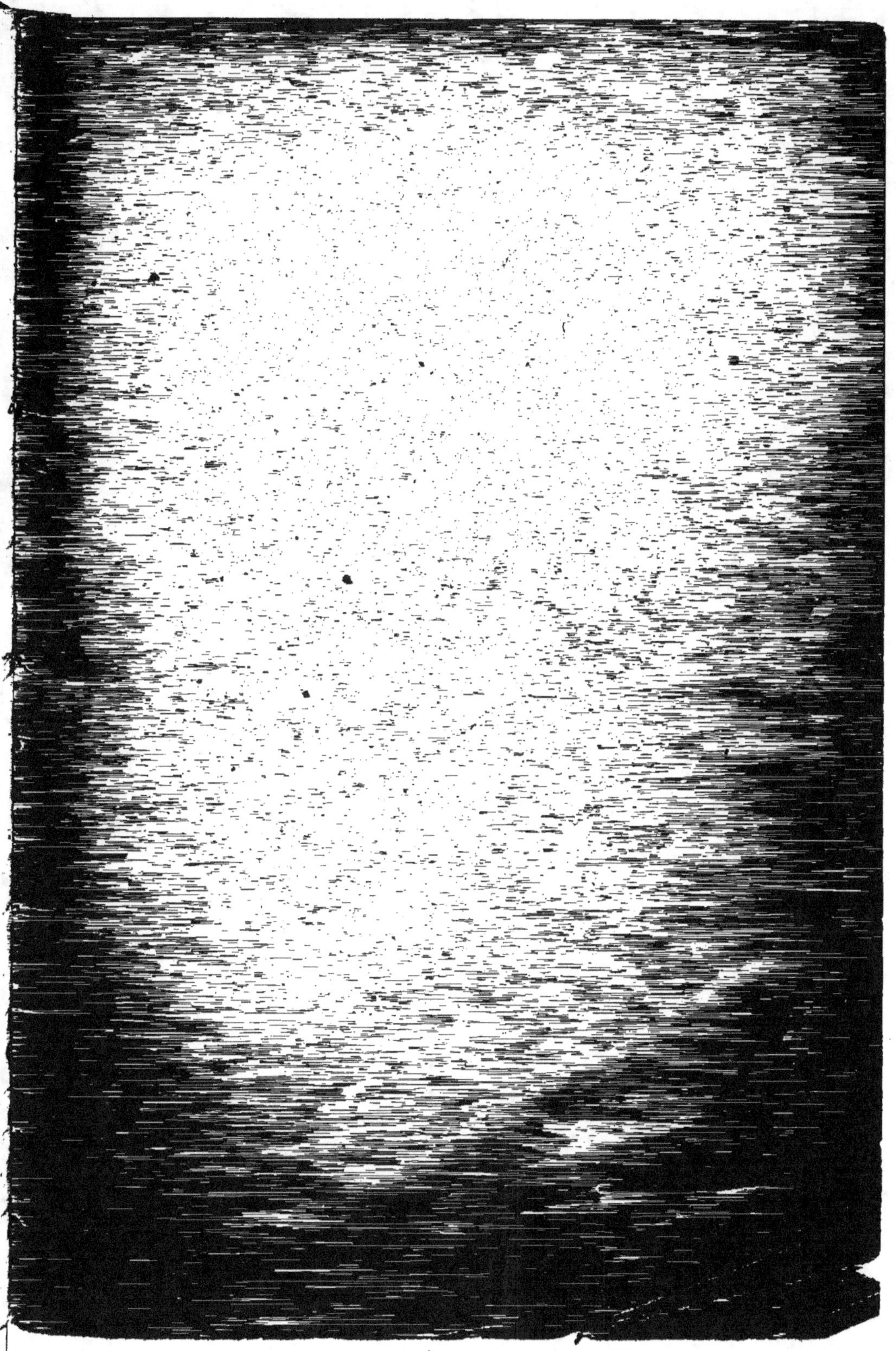